Inhaltsverzeichnis

Vorwort

Das Heft bietet vielfältige Mitspielgeschichten und Rhythmusgeschichten für den Stuhlkreis und den Stehkreis. Meiner Erfahrung nach lieben Kinder solche Geschichten. Sie schätzen es, sich aktiv in der Gemeinschaft zu erleben. Wiederholungen bereits gespielter Geschichten sind gewöhnlich kein Problem, werden sogar häufig von den Kindern eingefordert.

Mitspielgeschichten bieten eine umfassende Förderung für Kinder in den zentralen Bereichen Sprache, Denken, Fantasie, Darstellung, Motorik und Rhythmusgefühl.

Bei den Spielen sind häufig beispielhafte Geschichten beschrieben, zum Teil muss sich die*der Spielleiter*in aber selbst Geschichten ausdenken. Erforderliche Materialien sind jeweils erwähnt. Nicht aufgeführt sind Altersangaben; die*der Spielleiter*in möge selbst einschätzen, welches Spiel zur Gruppe und auch zur Situation passt.

Gedacht sind die Mitspielgeschichten für Klassen der Grund- und Förderschulen sowie für den Hort und den Ganztag. Viele sind auch für den Vorschulbereich geeignet.
Der Einfachheit halber werden die Begriffe „Spielleiter", „Spieler", „Mittelspieler" (Spieler*innen in der Mitte eines Kreises) und „Gruppe" verwendet.

Ich wünsche Ihnen viel Motivation zum Ausprobieren der Mitspiel- und Rhythmusgeschichten und viel Erfolg dabei!

Norbert Stockert

Liebe Lehrkraft,
wir möchten in unseren Materialien niemanden benachteiligen oder diskriminieren. Daher nutzen wir unter anderem das Gendersternchen, um alle Geschlechter anzusprechen. In Texten für Schüler*innen verzichten wir jedoch aus Gründen der besseren Lesbarkeit darauf und nutzen weiterhin entweder die „neutrale" Form oder Doppelformen. Selbstverständlich sind stets alle Geschlechter gemeint.

Die Maus

Der Spielleiter liest folgende Geschichte vor:
„Vor langer Zeit stand ein großer *Baum* auf einer saftigen Wiese. Darin lebte eine kleine *Maus*. Wenn der *Wind* stark blies, neigte sich der *Baum* zur Seite. Dann hatte die *Maus* Angst, der *Baum* könne umkippen.
Eines Nachts brach ein schweres Gewitter aus. Die *Maus* erwachte, als der *Baum* stark schwankte. ‚Hoffentlich reißt ihn der *Wind* nicht um!', dachte die *Maus*. Der *Wind* heulte und der *Baum* erzitterte. Die *Maus* hielt sich die Ohren zu, sie konnte den furchtbaren *Wind* nicht ertragen. Aber langsam zog das Gewitter davon und der *Baum* hörte auf zu schwanken. Die *Maus* war froh, dass der *Baum* noch stand und der *Wind* ihn nicht umgeworfen hatte."

Die Spieler müssen sich bei den Stichwörtern *Maus, Baum* und *Wind* folgendermaßen bewegen:

- *Maus:* sich vor den Stuhl hocken, zusammenkauern
- *Baum:* sich vor oder auf den Stuhl stellen, groß machen
- *Wind:* aufstehen und sich einmal um sich selbst drehen

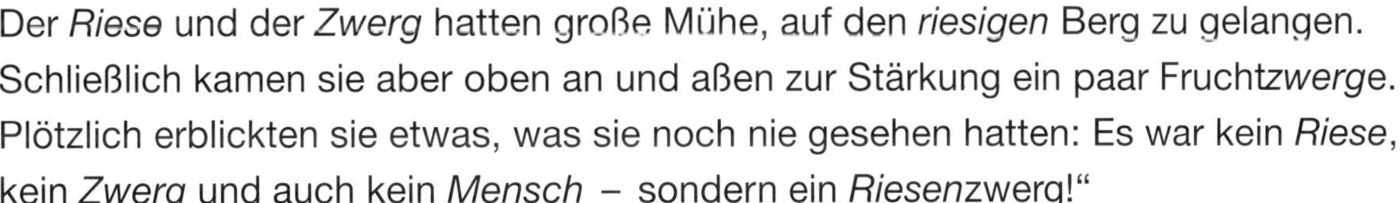

Zwerg und Riese

Der Spielleiter liest diese Geschichte vor:
„Es war einmal ein *Zwerg* und ein *Riese*, sie waren dicke Freunde. Und weil sie sich so gut verstanden, machten sie oft gemeinsame Ausflüge. Eines Tages hatte der *Zwerg* einen *riesigen* Einfall: ‚*Mensch,* heute machen wir eine Wanderung im *Riesen*gebirge!' Der *Zwerg* packte sofort einen *riesigen* Rucksack. Er setzte seine *Zwergen*mütze auf und dann gingen sie los. Nach einiger Zeit trafen sie mehrere *Menschen,* die einen *Zwerg*pudel dabeihatten.
Der *Riese* und der *Zwerg* hatten große Mühe, auf den *riesigen* Berg zu gelangen. Schließlich kamen sie aber oben an und aßen zur Stärkung ein paar Frucht*zwerge*. Plötzlich erblickten sie etwas, was sie noch nie gesehen hatten: Es war kein *Riese*, kein *Zwerg* und auch kein *Mensch* – sondern ein *Riesen*zwerg!"

Die Spieler müssen bei den Stichwörtern *Zwerg, Riese* und *Mensch* auf diese Weise reagieren:

- *Zwerg:* sich vor den Stuhl hocken oder setzen, also klein machen
- *Riese:* sich vor oder auf den Stuhl stellen, also groß machen
- *Mensch:* sich auf den Stuhl setzen

Das gilt auch für Begriffe, in denen diese Wörter vorkommen:
riesig, Riesengebirge, Zwergenmütze, Zwergpudel, Fruchtzwerge.
Am Schluss taucht ein *Riesenzwerg* auf. Dessen Darstellung sei der Fantasie der Spieler überlassen.

Klaus und Jo mit Laus und Floh

Eine einfache Mitspielgeschichte, die der Spielleiter wieder vorliest:

„Klaus hat eine *Laus*
und Jo hat einen *Floh*.
Klaus mit der *Laus*
und Jo mit dem *Floh* sind Freunde.
Deshalb treffen sie sich auch oft.
Dann freuen sich nicht nur Klaus und Jo,
nein, auch die *Laus* und der *Floh* sind froh.
Denn dann besucht die *Laus* von Klaus
den *Floh* von Jo.
Manchmal springt aber auch der *Floh* von Jo
zu der *Laus* von Klaus.
Und wenn beide Freunde sich trennen,
geht die *Laus* zurück zu Klaus
und der *Floh* zurück zu Jo.
Und die Tiere sind wieder froh –
aber nicht Klaus und Jo.
Denn eigentlich will Klaus keine *Laus*
und Jo keinen *Floh*."

Die Spieler müssen so reagieren: beim Wort *Laus* am Kopf kratzen und bei *Floh* an einer beliebigen anderen Stelle des Körpers.
Nicht angebracht ist die Geschichte natürlich, wenn man Kinder mit diesen Namen in der Gruppe hat oder gar diese Tierchen in der Einrichtung unterwegs sind.

Der alte König ist krank!

Der Spielleiter beginnt mit der Aussage: „Der alte König ist krank!" Teilnahmsvoll fragen die Spieler: „Was hat er denn?" Der Spielleiter nennt ein Gebrechen, das sich gut darstellen lässt. Er sagt zum Beispiel: „Er zittert mit der rechten Hand!" Alle stellen nun gemeinsam dieses Zittern dar. Ein Spieler, der von einer weiteren Beeinträchtigung des Herrschers gehört hat, beginnt wieder mit: „Der alte König ist krank!" Erneut fragen die anderen, was er denn hat. Der Spieler muss zunächst das zuerst genannte Leiden wiederholen und dann ein weiteres hinzufügen. So sagt er beispielsweise: „Er zittert mit der rechten Hand und er hat Kopfschmerzen!"
Alle zittern nun mit der rechten Hand, halten sich mit der linken den Kopf und stöhnen schmerzerfüllt. So geht das weiter. Die bereits erwähnten Krankheiten müssen also zunächst der Reihe nach wiederholt werden. Danach wird ein neues Leiden genannt und alles wird gleichzeitig dargestellt – solange das eben möglich ist.

Ein kleines graues Eselchen

Dies ist eine ganz kurze und einfache Mitspielgeschichte, die man beliebig oft wiederholen kann. Die Gruppe spricht gemeinsam den folgenden Text und macht dazu die angegebenen Bewegungen:
„Ein kleines graues Eselchen, das trappelt durch die Welt."
(sitzend auf den Boden stampfen)
„Es wackelt mit dem Hinterteil, grad wie es ihm gefällt."
(aufstehen und mit dem Po wackeln)
„I – A, I – A, I – A, I – A".
(mit dem Kopf nicken)

Stuhlartistik

Wieder liest der Spielleiter einen Text vor:
„Auf dem Stuhl, da kann ich stehen
und die Welt von oben sehen.
Auf den Stuhl kann ich mich legen,
Arme und Beine trotzdem bewegen.
Auf den Stuhl kann ich mich setzen –
ganz gemütlich, ohne hetzen.
Auf den Stuhl kann ich mich hocken,
keiner sieht mehr meine Socken.
Auf dem Stuhl mach ich mich klein,
krieche ganz in mich hinein."

Die Spieler machen genau das, was in der Geschichte angegeben ist: Auf dem Stuhl stehen, sich auf den Stuhl legen, setzen, hocken, zusammenkauern.
Der Spielleiter sollte an den entsprechenden Stellen Pausen einlegen, damit die Spieler Gelegenheit haben, die geforderten Positionen einzunehmen.

Alle Vögel fliegen hoch!

Die Spieler trommeln rhythmisch auf die Oberschenkel. Der Spielleiter ruft: „Alle Vögel fliegen hoch!" und hebt die Arme. Die Spieler sprechen das „hoch" mit und heben ebenfalls die Arme. Danach wird der Rhythmus gemeinsam weitergeführt. Der Spielleiter nennt weitere Tierarten, stets mit der Formulierung: „Alle (Tierart) fliegen hoch!" und hebt jedes Mal die Arme. Die Spieler dürfen das „hoch" aber nur mitsprechen und die Arme nur mitheben, wenn ein Tier erwähnt wird, das fliegen kann.
Wer Fehler macht, scheidet aus.

Bilder-Geschichte

Der Spielleiter legt ansprechende Fotos – zum Beispiel aus Illustrierten – in der Mitte des Kreises aus. Es sollten mehr Bilder als Spieler sein. Aufgabe der Gruppe ist es, daraus eine sinnvolle Geschichte zu entwickeln. Dazu nimmt jede Spielerin / jeder Spieler – reihum oder in beliebiger Reihenfolge – ein Foto und bildet dazu einen Satz.

Variante:
Anspruchsvoller ist es, wenn die Bilder verdeckt ausgelegt werden, die Spielerinnen / die Spieler sich also kein Foto aussuchen können.

Zick und Zack

Der Spielleiter liest die folgende Geschichte vor:
„*Zick* und *Zack* sind zwei freche Hühner, die auf einem Bauernhof leben. Eines Tages laufen *Zick* und *Zack* aus dem Hühnerstall auf den Hof. Da kommt der Hofhund Bello angerannt, aber *Zick* und *Zack* fliegen schnell über den Weidezaun. Auf der Weide erscktrecken *Zick* und *Zack* die Kühe und scheuchen sie über die Wiese. Danach gehen die beiden zum Teich und verängstigen die Enten, die sich schnell mit einem Sprung ins Wasser retten. Nun begeben sich *Zick* und *Zack* zum Schweinestall, wo sie die Schweine ärgern. Die Schweine wehren sich aber und jagen *Zick* und *Zack* davon. Endlich haben *Zick* und *Zack* genug und gehen zurück in den Hühnerstall."

Das Mitspielen ist ganz einfach: Die Spielerinnen / die Spieler müssen bei *„Zick"* aufstehen und sich bei *„Zack"* wieder hinsetzen.

Zugefasst!

Der Spielleiter legt verschiedene Gegenstände in der Mitte des Kreises aus. Diese Dinge sollten eindeutig definiert und stabil sein.
Nun liest oder erzählt der Spielleiter eine Geschichte, in der diese Gegenstände einmal vorkommen. Wird einer der Gegenstände erwähnt, so versuchen die Spieler, sich diesen zu schnappen. Wem es gelingt, nimmt den Gegenstand an sich.

Je weniger Gegenstände noch in der Kreismitte liegen, desto einfacher wird es für die Spielerinnen / die Spieler, sich zu orientieren, wo der soeben erwähnte Gegenstand liegt. Abschließend stürzen sich dann alle auf den letzten Gegenstand.
Der Spielleiter sollte darauf achten, dass es beim Zugreifen nicht zu turbulent zugeht.

Storch und Frosch

Bei dieser Geschichte, die der Spielleiter wieder *vor*liest, müssen die Spieler *auf* un*auf*fällige Stichwörter reagieren:
„Ein Frosch saß *auf* einem Seerosenblatt in einem Teich *neben* einem großen Busch. Da entdeckte er *hinter* dem Busch einen Storch. Der Storch hatte den Frosch auch gesehen und flog *vor* den Busch. Schnell hüpfte der Frosch in den Teich und schwamm *unter* das Seerosenblatt. Der Storch flog *auf* einen Baum *neben* dem Teich. Er konnte den Frosch *unter* dem Blatt aber nicht sehen. Nun suchte er ihn *vor* dem Teich, *auf* der Wiese und *unter* den Steinen *neben* dem Teich. Er fand ihn aber nicht und flog davon. Da kam der Frosch *unter* der Seerose her*vor* und setzte sich wieder *auf* das Blatt."
Es gelten folgende Anweisungen:

- *auf:* sich auf den Stuhl stellen
- *neben:* sich neben den Stuhl stellen
- *hinter:* sich hinter den Stuhl stellen
- *vor:* sich vor den Stuhl stellen
- *unter:* unter den Stuhl kriechen

Auch hier sollte der Spielleiter bei den Stichwörtern Pausen einlegen und eventuell diese Wörter besonders betonen.

Der Zaubertrank

Der Spielleiter liest folgende Geschichte vor, bei der die Spieler in verschiedenen Rollen agieren und zum Teil auch sprechen müssen:
„Vor Zeiten lebten ein *König* und eine *Königin*. Diese wurde eines Tages sehr krank. Keine Medizin, die der *Diener* ihr verabreichte, half, und auch der *Narr* konnte sie mit seinen Späßen nicht aufheitern. Da erinnerte sich der *Diener*, dass in einem fernen Wald eine *Hexe* lebte, die Heiltränke brauen konnte. Sogleich schickte der *König* den *Boten* los, um die *Hexe* zu suchen. Nach langer Zeit fand er ihr Haus und erzählte ihr von der kranken *Königin*. Die *Hexe* braute einen Zaubertrank mit der Bedingung, dass sie mit aufs Schloss kommen dürfe. Sie ritten nun zurück, und der *Bote* übergab der *Königin* den Trank. Sie probierte davon und wurde auf der Stelle gesund. Da freuten sich alle gemeinsam: der *König,* die *Königin* selbst, der *Bote,* der *Narr,* der *Diener* und auch die *Hexe,* weil sie im Schloss bleiben durfte."

Die Spieler müssen auf die Stichwörter gemeinsam folgendermaßen reagieren:

- *König:* aufstehen und rufen „Hoch lebe der König!"
- *Königin:* aufstehen und rufen „Lang lebe die Königin!"
- *Diener:* aufstehen und sich verbeugen
- *Narr:* lachen
- *Hexe:* kichern
- *Bote:* pantomimisch das Reiten darstellen

Auch dieses Mal brauchen die Spieler Zeit für die jeweiligen Darstellungen.

Affentheater

Der Spielleiter erzählt eine Geschichte und begleitet sie mit passenden ausdrucksvollen Gesten. Alle Spieler machen diese Bewegungen mit. Kommt aber eine zuvor vereinbarte bestimmte Geste – zum Beispiel *die Arme heben* –, so darf sich niemand bewegen. Wer dennoch die Arme hebt, muss weitererzählen. Sind dies mehrere Spieler, so sucht der Spielleiter einen davon aus.

Tierversammlung

Der Spielleiter weist zunächst jedem Spieler – durch Einflüstern, einen Namenszettel oder ein Bild – ein Tier zu, das sich stimmlich gut darstellen lässt. Je nach Gruppengröße hat jede Tierart mehrere Vertreter.
Nun erzählt der Spielleiter eine Geschichte, in der diese Tiere vorkommen.
Wessen Tier erwähnt wird, steht auf und lässt seine Tierstimme erklingen.

Der Spielleiter kann auch Sammelbegriffe nennen, zum Beispiel:
alle Säugetiere, alle Vögel, alle Raubtiere, alle Tiere mit Fell, mit Federn, mit zwei, mit vier Beinen, alle, die auf dem Bauernhof leben.
Das setzt natürlich voraus, dass jeder Spieler weiß, zu welchen Kategorien das ihm zugewiesene Tier gehört.

Bei der Ansage *„Alle Tiere!“* lassen die Spieler gemeinsam ihre Stimmen ertönen. Folgende Tierarten sind denkbar:
Hund, Katze, Pferd, Kuh, Schwein, Huhn, Ente, Krähe, Bär, Wolf, Löwe, Elefant.

Material: evtl. Kärtchen mit Tiernamen oder -bildern

Schlapp hat den Hut verloren!

Der Spielleiter beginnt mit der Aussage: „Schlapp hat den Hut verloren, (Name eines Spielers) hat ihn!“ Der Angesprochene fährt fort mit: „(eigener Name) hat ihn nicht, (Name eines weiteren Spielers) hat ihn!“ So geht das hin und her.

Der Spielleiter kann darauf achten, dass alle Spieler einmal zum Hutträger werden. Besonders anschaulich wird es, wenn dabei ein echter Hut jeweils weitergereicht wird.

Material: evtl. ein Hut

Abc-Geschichte

Aufgabe der Gruppe ist es, eine sinnvolle Geschichte zu entwickeln, wobei immer mit dem jeweils folgenden Buchstaben des Alphabets ein Satz gebildet werden muss. Der Spielleiter formuliert zunächst einen Satz, der mit „A“ anfängt. Sein Nachbar schließt einen Satz mit „B“ an, der nächste Spieler einen, der mit „C“ beginnt usw. Auf diese Weise versucht die Gruppe, reihum das ganze Alphabet durchzugehen. (Besonders schwierige Buchstaben wie Q, X und Y können weggelassen werden.) Eventuell dürfen andere Spieler auch helfen.

Variante: Die Buchstaben des Alphabets werden in der Kreismitte verdeckt ausgelegt. Reihum nimmt jeder Spieler einen Buchstaben und bildet damit einen Satz. Und wieder soll eine sinnvolle Geschichte entstehen.

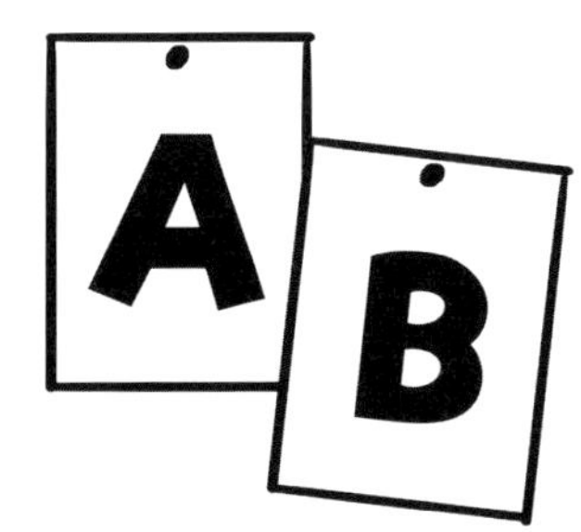

Material: Alphabetkarten

Vokal-Geschichte

Der Spielleiter liest eine Geschichte vor, in der fünf Personen vorkommen, deren Namen mit jeweils einem der fünf Vokale beginnen. Die Spieler müssen auf jeden Namen in vorgegebener Weise reagieren. Der Spielleiter sollte langsam lesen und die Anfangsbuchstaben betonen. Hilfreich ist auch, wenn die vorgeschriebene Bewegung mit demselben Vokal beginnt wie der entsprechende Name.
Hierfür ein Beispiel:

- **A**nton: **A**uf dem Stuhl stehen
- **E**dith: **E**inen Platz nach links weiterrutschen
- **I**brahim: **I**n die Hocke gehen
- **O**tto: **O**rtswechsel = allgemeiner Platzwechsel
- **U**rsula: **U**m den Stuhl laufen

Variante: In der Geschichte tauchen noch mehr Personen auf, deren Name mit einem Vokal beginnt. Die Spieler müssen auf jeden Namen entsprechend dem Anfangsbuchstaben reagieren.

Requisiten-Geschichte

Der Spielleiter legt zahlreiche verschiedene Gegenstände in der Kreismitte aus. Damit soll eine sinnvolle Geschichte gebastelt werden, indem die Spieler – reihum oder in beliebiger Abfolge – einen Gegenstand nehmen und damit einen Satz bilden.

Material: Gegenstände

Wort-Wechsel

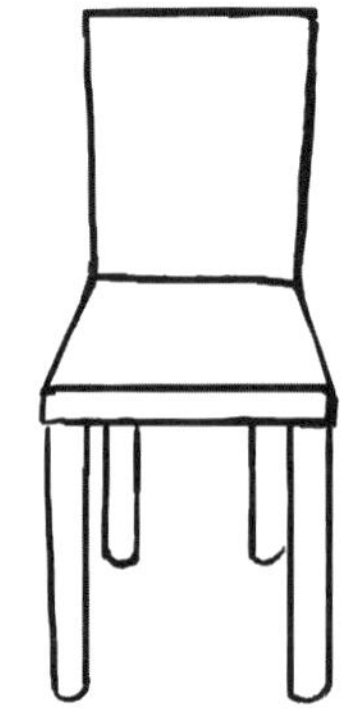

Der Spielleiter sitzt auf einem Stuhl, der markiert ist, zum Beispiel mit einem Klebepunkt. Er beginnt, eine Geschichte zu erzählen (Tipp: ggfs. ein Märchen). Taucht darin ein zuvor bekannt gegebenes Stichwort auf, so ist allgemeiner Platzwechsel angesagt. Dabei sucht sich auch der Spielleiter einen freien Stuhl. Derjenige Spieler, für den nur noch der markierte Stuhl übrig bleibt, setzt sich darauf und erzählt weiter.

Variante: Es gibt mehrere Stichwörter, bei denen gewechselt werden muss.

Auf die Löffel!

Der Spielleiter legt in der Mitte des Kreises so viele Löffel aus, wie es Spieler gibt. Er erzählt eine Geschichte. Taucht darin das Wort „Löffel“ auf, so versucht jeder – einschließlich des Spielleiters –, sich einen Löffel zu schnappen. Wer keinen Löffel erwischt, erzählt weiter.
Der Erzähler kann auch ähnlich klingende Wörter einbauen, zum Beispiel „Löwe“, „Löwenzahn“, „Lötkolben“, „Lösung“ … Wer dann versehentlich zugreift, muss ebenso weitererzählen.

Sind keine Löffel zur Hand, so nimmt man beliebige andere Gegenstände in entsprechender Anzahl.

Material: Löffel oder andere Gegenstände

Wer sagt was?

Jeder Spieler flüstert seinem rechten Nachbarn den Namen einer bekannten Person, Comic-, Märchenfigur … und seinem linken Nachbarn einen witzigen Spruch ins Ohr.

Der Spielleiter erzählt eine Geschichte. Soll darin eine Person auftauchen, so zeigt er auf einen beliebigen Spieler. Dieser nennt daraufhin die Figur, die ihm eingeflüstert wurde. Soll eine Person etwas sagen, so deutet er wieder auf einen Spieler, der daraufhin den Spruch sagt, der ihm zugetragen wurde.

So geht das fortlaufend, bis alle Spieler sowohl ihre Person als auch ihren Spruch genannt haben. Es entsteht eine verrückte Geschichte.

Farbwechsel

Zunächst weist der Spielleiter jedem Spieler – durch Einflüstern oder Verteilen eines Zettels – heimlich eine Farbe zu. Die Farben sollten etwa gleich häufig vorhanden und allen bekannt sein. Ein Stuhl wird markiert, auf dem zunächst der Spielleiter sitzt. Er erzählt eine Geschichte. Taucht darin eine Farbe auf, so tauschen alle Spieler, deren Farbe genannt wurde, ihre Plätze. Der Spielleiter tauscht mit.
Wer auf dem markierten Stuhl Platz nehmen muss, erzählt weiter.
Auch er tauscht beim nächsten Platzwechsel mit.
Taucht das Wort *bunt* auf, so tauschen alle Spieler ihre Plätze.

Material: evtl. Farbkärtchen

Zahlen-Wechsel

Zunächst sitzt der Spielleiter auf einem markierten Stuhl. Er weist jedem Spieler eine Zahl von 1 bis 9 zu, indem er sie ihr / ihm ins Ohr flüstert oder entsprechende Zettel verteilt. Die Zahlen sollten etwa gleich häufig vorhanden sein.
Nun erzählt der Spielleiter eine Geschichte, in der viele Zahlen vorkommen. Wird eine Zahl genannt, so tauschen alle Spieler, die diese Zahl haben, ihre Plätze. Der Spielleiter tauscht mit. Bei mehrstelligen Zahlen betrifft es auch diejenigen Spieler, deren Zahl darin vorkommt. So müssen beispielsweise bei 37 die Spieler mit den Zahlen 3 und 7 den Platz tauschen. Wer auf dem markierten Stuhl Platz nehmen muss, erzählt weiter.

Variante: Anspruchsvoll wird es, wenn der Spielleiter Wörter einbaut, in denen Zahlen versteckt sind. Beispielsweise: *Eins*amkeit, *Zwei*fel, *Drei*rad, *Vier*tel, *Fünf*linge, *Sechs*-Tage-Rennen, *Sieben*gebirge, *Acht*erbahn, *Neun*auge.
Da ist es hilfreich, wenn er die vorkommenden Zahlen besonders betont.

Material: evtl. Zahlenzettel

Zahlen-Wachstum

Der Spielleiter bezeichnet zunächst einen Ort oder eine Situation, er sagt zum Beispiel: „Ein Bahnhof." Sein rechter Nachbar nennt etwas dazu Passendes mit der Zahl 2, beispielsweise: „2 Züge." Der Nächste schließt sich eventuell an mit: „3 Schalter." Jeder folgende Spieler nennt also jeweils etwas zum Ort Passendes mit der nächsthöheren Zahl. So geht das einmal reihum.
Bei einer Gruppe von 20 Spielern inklusive des Spielleiters heißt es dann vielleicht am Schluss: „18 Koffer" – „19 Fahrpläne" – „20 Reisende".

Entenversammlung

Der Spielleiter beginnt mit:
„Eine Ente …“
Sein rechter Nachbar fährt fort:
„mit zwei Beinen …“
Der Nächste sagt:
„springt ins Wasser“.
und der folgende Spieler fügt hinzu:
„Plumps!“

Danach sind zwei Enten unterwegs. Der Reihe nach heißt es dann:
„Zwei Enten“ – „mit vier Beinen“ – „springen ins Wasser“ – „Plumps!“ – „Plumps!“. Dann kommen drei Enten dran usw., jeweils mit entsprechend vielen Beinen und Plumpsern. Ein „Plumps“ wird immer nur von einem Spieler gesprochen. Man muss bei den Plumpsern also genau mitzählen.

Man kann eine oder mehrere Runde(n) reihum spielen. Oder es wird bis zu einer bestimmten Anzahl Enten gezählt und dann wieder rückwärts bis zu einer Ente.

Was ist falsch?

Der Spielleiter liest eine Geschichte vor, die eindeutige Fehler und Unstimmigkeiten enthält, zum Beispiel (Fehler kursiv gesetzt):

„Wie jeden Tag stand der Bauer um sechs Uhr *abends* auf. Er wusch sich und zog sein *Kleid* an. Dann fütterte er die Hühner, die im Stall *muhten,* die Kühe, die im Stall *wieherten* und die Pferde, die im Stall *gackerten.* Inzwischen war auch die Bäuerin aufgestanden und bereitete das *Abendessen zu.* Nach dem Frühstück gingen die Kinder in die *Fabrik.* Die Bäuerin kochte im *Schlafzimmer* das Mittagessen. Dazu trafen sich alle wieder und aßen gemeinsam die Suppe mit der *Gabel.* Nach dem Mittagessen ging der Bauer auf die Wiese und mähte das *Heu.* Es war sonnig und heiß, aber dann kamen Wolken und es begann zu *schneien.*
Zum Abendessen traf sich die Familie wieder, während die Sonne im *Osten* unterging und es langsam *hell* wurde. Nach dem Abendessen legten sich die Kinder zum Schlafen in die *Badewanne.* Später gingen auch die Eltern im *Kuhstall* schlafen.“

Wird ein Fehler erwähnt, so stehen alle Spieler auf, die ihn bemerken, und rufen: „Fehler!“ Der Spielleiter lässt sich dann sagen, wie es richtig heißen muss, und liest danach weiter.

Familie Müller

Zunächst verteilt der Spielleiter die in der Geschichte auftauchenden Rollen, und zwar so, dass jeder Spieler eine Rolle erhält. Manche Rollen haben nur einen Vertreter: „Opa", „Oma", „Vater" und „Mutter". Von den anderen Rollen werden mehrere vergeben: „Söhne", „Töchter", „Hunde", „Katzen", „Kühe" und „Hühner". Dann liest der Spielleiter vor:

„*Familie Müller* lebt auf einem Bauernhof. Den Hof hatten *Opa* und *Oma* einst gekauft, *Vater* und *Mutter* hatten ihn übernommen. Auf dem Hof leben ferner der *Sohn* / die *Söhne*, die *Tochter* / die *Töchter*, ein *Hund* / mehrere *Hunde*, eine *Katze* / mehrere *Katzen*, eine *Kuh* / mehrere *Kühe* und ein *Huhn* / mehrere *Hühner*.
Wie jeden Morgen steht der *Vater* auf und versorgt die Tiere, während die *Mutter* das Frühstück vorbereitet. Dann frühstückt *Familie Müller* gemeinsam. Danach geht der *Vater* aufs Feld, die *Mutter* bereitet das Mittagessen vor, die *Großeltern* gehen einkaufen und die *Kinder* gehen zur Schule. Die *Kuh* trottet / die *Kühe* trotten auf die Weide, das *Huhn* pickt / die *Hühner* picken im Stall, der *Hund* legt / die *Hunde* legen sich in die Sonne und die *Katze* streift / die *Katzen* streifen ums Haus.
Zum Mittagessen findet sich *Familie Müller* wieder zusammen.
Danach machen die *Kinder* Hausaufgaben, der *Vater* geht wieder aufs Feld, die *Mutter* arbeitet in der Küche, die *Großeltern* machen einen Mittagsschlaf und die *Tiere* ruhen sich auch aus.
Zum Abendessen trifft sich *Familie Müller* wieder. Danach spielen *Großeltern*, *Eltern* und *Kinder* noch gemeinsam, während sich die *Tiere* schon zur Ruhe begeben.
Und schließlich geht die ganze *Familie Müller* schlafen."

Wer in seiner Rolle erwähnt wird, steht auf und verbeugt sich. Das gilt auch für Sammelbegriffe. So müssen bei „Großeltern" Opa und Oma reagieren, bei „Kinder" die Söhne und Töchter und bei „Tiere" eben die Tiere. Bei „Familie Müller" sind alle Spieler gefordert – die Tiere zählen einfach zur Familie dazu.

Mahlzeit!

Der Spielleiter erzählt eine Geschichte, in der vieles vorkommt, das man essen oder trinken kann. Wird etwas Essbares erwähnt, so stehen die Spieler auf und rufen: *„Mahlzeit!"* Fällt der Name eines Getränks, so stehen sie auf und rufen: *„Prost!"*

Variante: Die Begriffe „Mahlzeit!" und „Prost!" werden in anderen Sprachen genannt.

Hörst du die Regenwürmer husten?

Die Gruppe führt gemeinsam folgenden Rhythmus durch:
sich auf die Schenkel patschen – auf die Schenkel des rechten Nachbarn patschen – auf die eigenen Schenkel patschen – auf die Schenkel des linken Nachbarn patschen – wieder auf die eigenen Schenkel patschen.

Zum Rhythmus passend sprechen alle die folgenden Verse:

„Hörst du die Regenwürmer husten,
wie sie durchs dunkle Erdreich zieh'n,
wie sie sich winden
und dann entschwinden,
auf Nimmer-, Nimmerwiederseh'n."

Taucht das Wort *husten* auf, so husten alle.
Die Gruppe kann versuchen, Text und Rhythmus immer schneller durchzuführen.
(Man muss nicht nach dem Sinn des Textes fragen.)

Wer hat den Keks aus der Dose geklaut?

Die Gruppe führt fortlaufend einen einfachen Rhythmus durch:
im Wechsel auf die Schenkel patschen und in die Hände klatschen.
Dazu passend stellen alle zunächst gemeinsam die Frage:

„Wer hat den Keks aus der Dose geklaut?"
Daraufhin sagt der Spielleiter:
„Der / die (Name eines Spielers) hat den Keks aus der Dose geklaut!"
Der / die Angesprochene fragt:
„Wer, ich?"
Gruppe:
„Ja, du!"
Spieler:
„Ich, nicht!"
Gruppe:
„Wer dann?"
Spieler:
„Der / die (Name eines anderen Spielers) hat den Keks aus der Dose geklaut!"
Der Betreffende fragt wieder:
„Wer, ich?"

So geht das beständig weiter. Gesprochen wird immer passend zum Rhythmus.

Dorfversammlung

Zunächst werden Rollen vergeben: Ein Spieler wird zum „Bürgermeister“ ernannt, sein linker Nachbar zum „Vize“, der rechte Nachbar zum „Narr“.

Der Bürgermeister beginnt mit dieser Aussage:

„Einst ging ich durch die Straßen meines Dorfes und traf den / die (Name eines Spielers)!“
Der / die Angesprochene fragt:
„Wen, mich?“
Bürgermeister:
„Ja, dich!“
Spieler:
„Mich, nicht!“
Bürgermeister:
„Wen dann?“
Spieler:
„Den / die (Name eines anderen Spielers)!“
Der Genannte macht auf dieselbe Weise weiter:
„Wen, mich?“ – „Ja, dich!“ – „Mich, nicht!“ – „Wen dann?“

So geht das beständig weiter. Bürgermeister, Vize und Narr müssen in ihren Rollen angesprochen werden.
Wer einen Fehler macht, wird Narr. Die anderen rücken bis zum dadurch frei gewordenen Platz auf.
Der Bürgermeister beginnt von vorne.

Variante 1: Im Dorf herrscht eine strenge Rangordnung: Alle Spieler, die rechts neben einem Spieler sitzen, sind diesem übergeordnet, bis hin zum Bürgermeister. Dem Narren sind also alle übergeordnet, dem Vize nur der Bürgermeister, diesem ist niemand übergeordnet. Wenn man mit einer übergeordneten Person spricht, muss man aufstehen.

Variante 2: Eine übergeordnete Person muss man mit „Sie“ ansprechen:
„Wen, mich?“ – „Ja, Sie!“

Trommelrunde

Die Spieler legen ihre Hände auf die Knie. Der Spielleiter beginnt eine Trommelrunde, indem er sich mit der rechten Hand leicht aufs Knie schlägt. Danach schlägt sich sein rechter Nachbar erst mit der linken, dann mit der rechten Hand aufs Knie.
So geht das reihum in der Reihenfolge der Hände einmal durch den Kreis.

Variante: Bei einem Doppelschlag ist Richtungswechsel.

Variante 2: Die Spieler legen die Hände auf die Knie der beiden Nachbarn, also die linke Hand auf das rechte Knie des linken Nachbarn und die rechte Hand auf das linke Knie des rechten Nachbarn. Getrommelt wird weiterhin in der Reihenfolge der Hände im Kreis. Die eigenen Hände kommen nun also nicht mehr nacheinander an die Reihe.

Variante 3: Wer einen Fehler macht, muss die betreffende Hand hinter den Rücken und damit aus dem Spiel nehmen. Die Lage wird dadurch immer unübersichtlicher.

Bei Müllers hat's gebrannt

Die Spieler finden sich paarweise zusammen und setzen sich gegenüber hin. Sie sprechen gemeinsam den folgenden Text und führen dazu einen vorgegebenen Klatschrhythmus durch:

„Bei Müllers hat's gebrannt, brannt, brannt
da bin ich hingerannt, rannt, rannt
da kam ein Poilizist, zist, zist
der schrieb mich auf die List, List, List
die List fiel in den Dreck, Dreck, Dreck
da war mein Name weg, weg, weg
da lief ich schnell nach Haus, Haus, Haus
und die Geschicht' ist aus, aus, aus."

Der Klatschrhythmus ist bei jeder Zeile gleich und geht folgendermaßen – beschrieben am Beispiel des ersten Satzes:

„Bei"	in die eigenen Hände klatschen
„Mül"	mit der rechten Hand in die rechte Hand des Partners klatschen
„lers"	in die eigenen Hände klatschen
„hat's"	mit der linken Hand in die linke Hand des Partners klatschen
„ge"	in die eigenen Hände klatschen
„brannt, brannt, brannt"	dreimal in beide Hände des Partners klatschen

Meine Mutter schickt mich her

Wieder gehen die Spieler paarweise zusammen, sprechen den folgenden Text und führen dazu einen gemeinsamen Klatschrhythmus durch:

„Meine Mu, meine Mu, meine Mutter schickt mich her
ob der Ku, ob der Ku, ob der Kuchen fertig wär.
Wenn er no, wenn er no, wenn er noch nicht fertig wär,
käm ich mo, käm ich mo, käm ich morgen wieder her."

Auch dieses Mal führen die Spieler bei jeder Zeile denselben Klatschrhythmus durch – wieder gezeigt am Beispiel des ersten Satzes:

„Meine"	in die eigenen Hände klatschen
„Mu"	in beide Hände des Partners klatschen
„meine"	in die eigenen Hände klatschen
„Mu"	in die beiden Hände des Partners klatschen
„meine"	in die eigenen Hände klatschen
„Mutter"	mit der rechten Hand in die rechte Hand des Partners klatschen
„schickt mich"	in die eigenen Hände klatschen
„her."	mit der linken Hand in die linke Hand des Partners klatschen

Regenbeschwörung

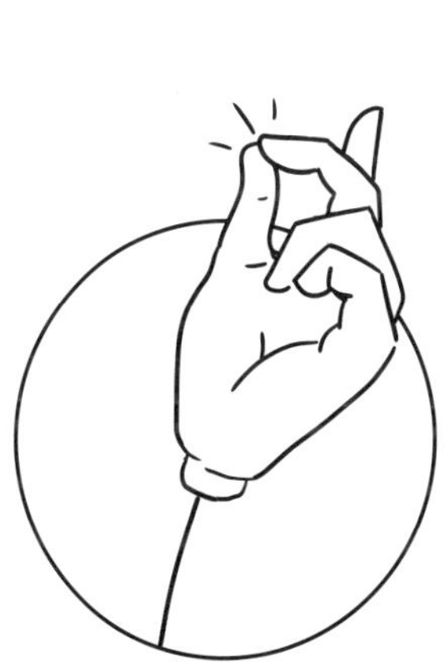

Die Gruppe stellt gemeinsam den Regen in verschiedenen Formen dar und zwar auf folgende Weise:

- nieseln: die Fingerkuppen aneinander reiben
- Tropfen fallen: mit den Fingern schnipsen
- klatschen: in die Hände klatschen
- prasseln: sich schnell auf die Schenkel schlagen
- Wolkenbruch: auf den Boden stampfen

Die Gruppe beginnt gemeinsam mit dem Nieseln, geht dann stufenweise bis zum Wolkenbruch und wieder stufenweise zurück bis zum Nieseln. Der Spielleiter gibt die jeweilige Bewegung vor.

Variante: Der Regen wandert durch den Kreis. Der Spielleiter beginnt zu nieseln, dann nieselt sein rechter Nachbar, dann der nächste usw. Die Bewegung wird fortwährend beibehalten. Kommt das Nieseln wieder beim Spielleiter an, so beginnt er zu schnipsen. Das wandert dann auch reihum. So geht es wieder stufenweise bis zum Wolkenbruch und stufenweise zurück. Man macht also immer so lange eine Bewegung, bis die nächste Bewegung bei einem ankommt.

Mein Dackel Waldemar

Der Spielleiter spricht den folgenden Text und macht die dazu passenden Bewegungen. Die Spieler machen die Bewegungen mit.

Mein Dackel Waldemar	*pantomimisch einen Hund streicheln*
und ich,	*auf sich selbst zeigen*
wir zwei,	*mit den Fingern die Zahl 2 zeigen*
wir wohnen in der Regenbogenstraße	*mit einer Armbewegung einen Bogen darstellen*
3	*mit den Fingern die Zahl 3 zeigen*
und wenn wir abends durch die Straßen gehn,	*auf der Stelle laufen*
dann kann man Dackelbeine wackeln sehn.	*Knie im Wechsel zusammen und auseinander machen; Hände im Wechsel überkreuz und nebeneinander auf die Knie legen.*

Wenn die Spielerinnen / die Spieler den Text kennen, sprechen ihn alle gemeinsam.

Der böse Zauberer

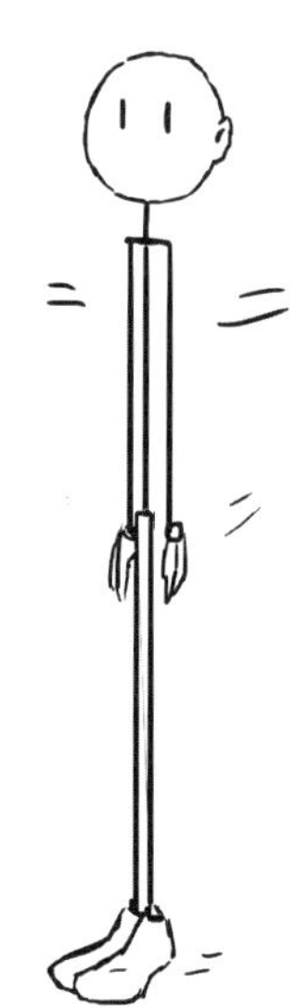

Zunächst wird ein Spieler zum Zauberer bestimmt.
Dann spricht der Spielleiter den folgenden Text:

„Ein böser Zauberer lebte einst an diesem Ort,
zauberte ‚Hokus – pokus – fidibus'
das Leben aus den Menschen fort."

Der Zauberer ruft: „Hokus – pokus – fidibus!"
Daraufhin bleiben alle wie erstarrt stehen. Der Spielleiter fährt fort:

„Sie standen nun bewegungslos und stumm –
immer nur auf der Stelle herum.
Er hatte seinen Spaß daran –
denn tippte er einen Körperteil an,
so fing dieser plötzlich zu leben an.
Er tippte hier, er tippte dort,
die Menschen bewegten den Körperteil sofort."

Der Zauberer tippt Spieler an beliebigen Stellen des Körpers an.
Sie bewegen daraufhin diese Körperteile. Der Spielleiter spricht weiter:

„Doch bald wurde es dem Zauberer zu dumm,
er zog in eine andere Stadt um."

Der Zauberer verlässt den Kreis. Und so endet die Geschichte:

„Alle Menschen waren wieder frei
und bewegten sich nach Lust und Laune.
Man höre die Geschichte und staune."

Abschließend bewegen sich alle Spielerinnen / Spieler frei im Raum.

Riese, Zwerg und Elfe

Der Spielleiter liest eine Geschichte vor:

„Als der *Riese Donnerwetter* eines Tages im Wald unterwegs war, traf er den *Zwerg Klappklappklapp* und die *Elfe Juchhu*. Beide erschraken, weil der Riese so groß war, aber er war ein guter Riese. So gingen der *Riese Donnerwetter*, der *Zwerg Klappklappklapp* und die *Elfe Juchhu* gemeinsam durch den Wald. Sie kamen aber in die Dunkelheit und legten sich schlafen: zuerst der *Riese Donnerwetter*, dann der *Zwerg Klappklappklapp* und schließlich die *Elfe Juchhu*. Und wenn ihr ganz leise seid, könnt ihr sie schlafen hören: den *Riesen Donnerwetter*, den *Zwerg Klappklappklapp* und die *Elfe Juchhu.*"

Die Spieler müssen sich bei der Erwähnung der drei Figuren folgendermaßen bewegen:

- *Riese Donnerwetter:* auf den Boden stampfen
- *Zwerg Klappklappklapp:* dreimal in die Hände klatschen
- *Elfe Juchhu:* „Juchhu!" rufen und die Arme hochreißen

Am Schluss wird alles ganz leise dargestellt.

Körpergruß

Der Spielleiter spricht den folgenden Text, die Spieler bewegen sich entsprechend dazu:

„Heut will ich meinen Körper grüßen, ich tu's vom Kopf bis zu den Füßen.	(auf Kopf und Füße zeigen)
Drum klopf ich Füße, Beine, Po, dazu die Arme ebenso.	(die genannten Körperteile abklopfen)
Der Bauch braucht's sanfter, passt gut auf,	(Bauch massieren)
und nun geht's bis zum Kopf hinauf.	(bis zum Kopf hoch massieren)
So geht's mir gut, ich werde munter, vom Kopf bis zu den Füßen runter."	(auf Kopf und Füße zeigen)
Zum Schluss halt ich mich selbst im Arm, da wird's mir auch ums Herz ganz warm.	(sich selbst umarmen)
Ich spüre mich, es ist wohl wahr, ich bin ganz einfach wunderbar!"	(die Arme hochreißen und jubeln)

Dibbedibbedibb

Der Spielleiter spricht den folgenden Text:

„Dibbedibbedibb, seid ihr schon fit?
Ganz egal – macht einfach *mit!*

Dibbedibbedibb, mit und ohne Zopf
jetzt bewegen wir den *Kopf!*

Dibbedibbedibb, was man so kann
nun sind schon die Schultern *dran!*

Dibbedibbedibb, mit einem Rütteln
woll'n wir nun die Arme *schütteln!*

Dibbedibbedibb ,das tun wir auch
und schütteln kräftig unsern *Bauch!*

Dibbedibbedibb, nun sind wir froh
drum wackeln wir jetzt mit dem *Po!*

Dibbedibbedibb, ich will's verheißen
wir werden mit dem Becken *kreisen!*

Dibbedibbedibb ,gar nicht alleine
schütteln wir nun unsere *Beine!*

Dibbedibbedibb, und ganz zum Schluss
kreisen wir noch mit dem *Fuß!*

Dibbedibbedibb, o weh o weh
vergessen haben wir den *Zeh!*

Dibbedibbedibb, jetzt sind wir fit,
macht nächstes Mal doch wieder *mit!*"

Der Spielleiter macht alle Bewegungen vor, die Spieler machen sie mit.
Die kursiv gedruckten Wörter, also das jeweils letzte Wort von zwei Zeilen, spricht der Spielleiter nicht aus, sondern die Gruppe muss sie ergänzen.

Die Suche nach dem Kloß

Der Spielleiter liest die folgende Geschichte vor.
Die Spieler bewegen ihre Hände entsprechend den Vorgaben.

„Da oben in den Haaren,
da ist der Teufel los!
Da suchen viele Zwerge,
nach einem dicken Kloß.
Sie laufen durch die Haare,
sie suchen hier und dort.
Der Kloß ist nicht zu finden,
sie laufen wieder fort.
(mit den Fingern durch die Haare laufen)

Da kommen andere Zwerge,
sie stampfen durch das Haar
und suchen hier und dort.
Der Kloß ist nicht zu finden,
sie stampfen wieder fort.
(mit den Fingern auf den Kopf klopfen)

Da kommen andere Zwerge,
sie wühlen in dem Haar
und suchen hier und dort.
Der Kloß ist nicht zu finden,
sie gehen wieder fort.
(die Haare durchwühlen)

Da kommen andere Zwerge,
sie rupfen an dem Haar
und suchen hier und dort.
Der Kloß ist nicht zu finden,
sie gehen wieder fort.
(an den Haaren rupfen)

Nun will ich's aber wissen,
wo dieser Kloß wohl steckt.
Ich such ihn in den Haaren,
da hab ich ihn entdeckt!"
(durch die Haare streichen, Faust machen und diese präsentieren)

Familie Meier

Der Spielleiter liest die folgende Geschichte vor:
„Auf dem Bauernhof der Familie Meier leben viele Tiere. Die *Kühe* grasen auf der Weide. Auf der Wiese suchen die *Hühner* nach Regenwürmern. Über ihnen kreist ein *Habicht*. Ein *Storch* fliegt herbei und landet auf der Wiese. Die *Pferde* stehen in der Koppel. Im Teich vor dem Haus schwimmen *Forellen.* Darüber kreist eine Schar *Krähen.* Eine *Wasserschlange* schlängelt sich durch den Teich. Die *Hasen* im Stall knabbern Karotten. Auf dem Dach gurren *Tauben.* Die *Schweine* grunzen im Stall. Und die *Enten* watscheln zum Teich, um darin zu baden."
Die Spieler müssen sich dabei folgendermaßen bewegen:
Bei einem Tier, das …

- *auf der Erde lebt:* auf den Boden stampfen (Kuh, Huhn, Regenwurm, Pferd, Hase, Schwein)
- *im Wasser lebt:* Schwimmbewegungen machen (Forelle, Wasserschlange)
- *in der Luft lebt:* die Arme auf- und abschwingen (Habicht, Krähe)
- *auf dem Boden und in der Luft lebt:* gleichzeitig stampfen und wedeln (Storch, Taube)
- *in allen drei Bereichen lebt:* stampfen sowie abwechselnd Schwimm- und Flugbewegungen machen (Ente)

Der Igel

Jeder Spieler braucht einen Ball, am besten einen Igelball.
Der Spielleiter liest die Geschichte vor. Die Spieler bewegen ihren Ball entsprechend den Vorgaben.

„Ein Igel läuft um mich herum. Er pikst. Und das ist ganz schön dumm.	*(Ball um die aufgestellten Füße herumrollen)*
Er läuft von hier nach da nach dort, will wohl gar nicht mehr hier fort.	*(Ball über die Zehen hin- und herrollen)*
Er läuft die Beine rauf und runter. Er ist wirklich ganz schön munter!	(Ball die Beine rauf- und runterrollen)
Doch plötzlich kriegt er einen Schreck und sucht sich ganz schnell ein Versteck.	(Ball unter die Füße legen)
Flitzt dann hier nur hin und her, denn das fällt ihm gar nicht schwer.	(Ball unter den Füßen hin- und herrollen)
Doch dann verlässt er das Versteck und läuft ganz einfach – weg!"	(Ball mit den Füßen wegstoßen)

Material: (Igel)Bälle

Begegnung am Nil

Der Spielleiter liest die folgende Geschichte vor:
„Nashorn, Elefant und Krokodil,
schwammen mal in Afrika im Nil.
Da kam ein Gorilla mit `ner Kokosnuss,
schlug die Schale auf und warf sie in den Fluss.
Was für ein Pech, denn sie fiel
auf Nashorn, Elefant und Krokodil."
Die Spieler stellen die Tiere und Bewegungen folgendermaßen dar:

- *Nashorn:* einen Daumen auf die Nasenspitze setzen, die Finger strecken und so das Horn bilden
- *Elefant:* mit einer Hand an die Nasenspitze fassen, den anderen Arm dadurch strecken und so den Rüssel bilden
- *Krokodil:* die gestreckten Arme auseinanderbewegen und aufeinander zubewegen und so das Maul bilden
- *Gorilla:* mit den Fäusten auf die Brust trommeln
- *Kokosnuss:* mit den Armen einen Kreis formen

Pantomimisch dargestellt wird ferner das Schwimmen sowie das Aufschlagen und Werfen der Kokosnuss.

Das müde Krokodil

Die Spieler legen sich im Kreis auf den Boden. Der Spielleiter liest die Geschichte vor:
„Es war einmal ein Krokodil,
das lag zwei Jahre lang ganz still.
In der Sonne war's schön warm,
es bewegte schlapp den Arm.
Hin und wieder auch ein Bein,
dann schlief es sieben Jahre ein.
Es schnarchte leise vor sich hin
und juckte sich mal kurz am Kinn.
Doch plötzlich mitten in der Nacht
ist es wieder aufgewacht.
Und kratzte sich mit viel Entzücken
an seinem langen grünen Rücken.
Kraulte mit großer Freude auch
seinen Bauch.
Stürzte sich dann mit Hochgenuss
in den Fluss."

Die Spieler machen dabei alle Bewegungen, die in der Geschichte erwähnt werden.
Zum Schluss stehen sie auf und springen gemeinsam in die Mitte.

Ritter Klipp von Klapperbach

Der Spielleiter liest die folgende Geschichte vor. Die Spieler verhalten sich entsprechend der Vorgaben.

„Es war einmal ein Ritter, Herr Klipp von Klapperbach,
(auf sich selbst zeigen)
der machte, wo er hin kam, stets einen Riesenkrach.
(auf den Boden stampfen)
Er hatte eine Rüstung aus Eisen und aus Blech,
die klapperte so laut, da liefen alle weg.
(mit den Fäusten auf die Brust schlagen)
Klapper, klapper, rumpelpump, klapper, klapper, rumpelpump."
(zweimal in die Hände klatschen, zweimal auf den Boden stampfen)

„Seine Frau Mathilde, die hatte keine Ruh,
(den Kopf schütteln)
denn um die Burg da klappert's, da klappert's immerzu.
(auf den Boden stampfen)
Sie rief: ‚Klipp komm zum Essen, heut gibt es Speck mit Kraut!'
(zu sich her winken)
Doch Klipp hat nichts verstanden, es klapperte zu laut.
(eine Hand ans Ohr legen)
Klapper, klapper, rumpelpump, klapper, klapper, rumpelpump."
(zweimal in die Hände klatschen, zweimal auf den Boden stampfen)

„Dann ritt Herr Klipp zum Kampfe und klappert fürchterlich,
(Reitbewegungen machen)
und schlug gar feste um sich, der arge Wüterich.
(in die Luft schlagen)
Da traf ihn eine Lanze, mit einem Riesenkrach.
(Hände an die Wunde halten)
Es klapperte noch leise, als er am Boden lag.
(hinlegen)
Klapper, klapper, rumpelpump, klapper, klapper, rumpelpump."
(zweimal in die Hände klatschen, zweimal auf den Boden stampfen)

„Zum Teufel mit der Rüstung, das ist doch alles Blech!
(Hände vors Gesicht schlagen)
So rief der Klapperbach und warf sie einfach weg.
(sich pantomimisch ausziehen)
Dann humpelt er nach Hause und ward ein Müllersmann.
(Humpelbewegungen machen)
Und hört sich abends friedlich das Mühlradklappern an."
(mit den Armen kreisen)

Tante auf Reisen

Der Spielleiter liest die folgende Geschichte Zeile für Zeile vor. Die Spieler sprechen jeweils jede Zeile nach. Dann machen sie Bewegungen entsprechend den Vorgaben nach jeder Strophe.

„Meine Tante kam zurück
aus Lenzerheide
und sie brachte mir mit
einen Fächer aus Seide.
(linke Hand vor dem Gesicht hin und her bewegen)

Meine Tante kam zurück
aus Bad Scholz
und sie brachte mir mit
einen Löffel aus Holz.
(zusätzlich rechte Hand zum Mund und zurückführen)

Meine Tante kam zurück
aus Liverpool
und sie brachte mir mit
einen Schaukelstuhl.
(zusätzlich Schaukelbewegungen machen)

Meine Tante kam zurück
aus Königsruh
und sie brachte mir mit
einen hölzernen Schuh.
(zusätzlich einen Fuß hin und her bewegen)

Meine Tante kam zurück
aus Kathmandu
und sie brachte mir mit
so 'nen Affen wie du!"

Jede Bewegung, die einmal begonnen wurde, wird pausenlos beibehalten.
Zum Schluss bewegen also die Spieler gleichzeitig die linke Hand vor dem Gesicht hin und her, führen die rechte Hand ununterbrochen zum Mund hin und zurück, schaukeln mit dem Oberkörper und bewegen einen Fuß hin und her.
Bei der letzten Zeile „so 'nen Affen wie du!" zeigt jeder auf einen beliebigen anderen Spieler.

Hannes

Der Spielleiter stellt den „Hannes“ dar, der in einer Knopffabrik arbeitet.
Er erzählt, wie eines Tages sein Chef kam und ihm folgende Anweisungen gab:

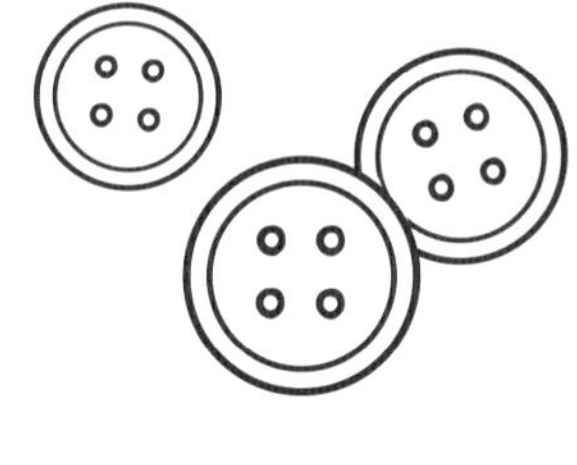

„Hannes, dreh mir einen Knopf mit deiner rechten Hand!“
Daraufhin drehen die Spieler die rechte Hand hin und her
und behalten die Bewegung bei.
Und weiter:
„Hannes, dreh mir noch einen Knopf mit deiner linken Hand!“
Nun drehen alle zusätzlich die linke Hand hin und her.
Es folgt:
„Hannes, dreh mir noch einen Knopf mit deinem rechten Fuß!“
Zusätzlich bewegen alle den rechten Fuß hin und her.
Nächste Anordnung:
„Hannes, dreh mir noch einen Knopf mit deinem Kopf!“
Nun muss darüber hinaus noch der Kopf hin und her gewendet werden.
Und schließlich:
„Hannes dreh mir noch einen Knopf mit deinem Bauch!“
Und nun müssen alle noch zusätzlich mit dem Bauch kreisen.

Verhext!

Ein Spieler wird zur „Hexe“ bestimmt und stellt sich in den Kreis.
Die Gruppe sagt gemeinsam folgenden Spruch:

„Hexen machen mische-masche
einen Trunk aus Dreck und Asche.
Schlangen, Kröten, Käfer, Spinnen,
alles ist im Kessel drinnen.
Koche, spuck und fauch,
ganz nach Hexenbrauch.“

Die Hexe stellt dabei das Kochen pantomimisch dar.
Danach spricht sie folgende Verse:

„Und jetzt ruf ich unk, unk, unk,
fertig ist der Hexentrunk.
Knix – knax – Hühnerbein,
ihr sollt alle … sein!“

und nennt dabei etwas, in das sie die Spieler verwandelt, zum Beispiel in ein bestimmtes Tier. Alle stellen daraufhin das Genannte dar.
Dann sucht die Hexe eine Nachfolgerin / einen Nachfolger und es geht wieder von vorne los.

Lebendes Bild

Dies ist eine Form von Mitspielgeschichte, bei der nach und nach jeder Spieler eine Rolle übernimmt und darstellt. Der Spielleiter gibt die Rollen im Rahmen einer Geschichte vor. Nach jeder Rollenvergabe beginnt die Geschichte wieder von vorne.

Zur Veranschaulichung ein Beispiel, der Text in Anführungszeichen wird vom Spielleiter gesprochen:

„Die Sonne geht unter.
Ein Spieler stellt pantomimisch die untergehende Sonne dar.

Dann von vorne:
Die Sonne geht unter. (*Darstellung)*
Der Mond geht auf.
Ein weiterer Spieler verkörpert den aufgehenden Mond.

Und wieder von vorne:
Die Sonne geht unter. *(Darstellung)*
Der Mond geht auf. *(Darstellung)*
Die Bäume wiegen sich im Wind.
Mehrere Spieler stellen die hin- und herschwankenden Bäume dar.

Und erneut von Anfang an:
Die Sonne geht unter. *(Darstellung)*
Der Mond geht auf. *(Darstellung*)
Die Bäume wiegen sich im Wind. *(Darstellung)*

Es folgt vielleicht:
Ein Wolfsrudel schleicht durch den dunklen Wald."
Mehrere Spieler schleichen als Wölfe umher.
Und das Ganze von vorne.

So geht es immer weiter, bis alle Spieler eine Rolle haben.
Zum Schluss lebt dann das Bild mit allen Beteiligten.
Je früher ein Spieler einsteigt, desto öfter ist er gefordert.

Samba, der Jäger

Der Spielleiter erzählt die Geschichte von Samba, dem Jäger. Die Spieler verhalten sich entsprechend den Vorgaben.

„Eines morgens wacht Samba, der Jäger, in seiner Hütte auf.
(darstellen)
Er trinkt eine Tasse Tee.
(darstellen)
Danach geht er auf Löwenjagd.
(eine Tür pantomimisch auf- und zumachen)
Zunächst läuft er über den Lehmboden im Dorf,
(rhythmisch klatschen)
dann durch das hohe Gras der Savanne,
(Hände reiben)
danach über einen Knüppeldamm
(auf die Brust trommeln)
und weiter durch die Savanne.
(Hände reiben)
Schließlich wird er müde und legt sich zum Schlafen unter einen Baum.
(darstellen)
Er wacht von einem Brüllen auf und sieht in der Nähe einen Löwen.
(brüllen)
So schnell er kann, rennt er davon.
Erst durch die Savanne.
(Hände reiben)
Der Löwe hinterher.
(brüllen)
Dann über den Knüppeldamm.
(auf die Brust trommeln)
Der Löwe hinterher.
(brüllen)

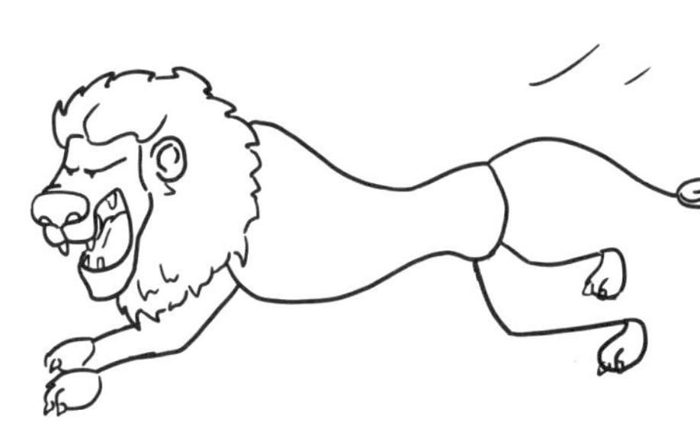

Dann wieder durch die Savanne.
(Hände reiben)
Der Löwe hinterher.
(brüllen)
Schließlich über den Lehmboden im Dorf.
(rhythmisch klatschen)
Der Löwe hinterher.
(brüllen)
Er reißt die Tür auf und schlägt sie hinter sich zu –
(pantomimisch darstellen)
und ist gerettet!“
(erleichtert aufatmen)